Rômulo B. Rodrigues

CURSO DE NUMEROLOGIA

Método simples e prático

São Paulo/SP
1ª edição
2019

amazon kindle

RODRIGUES, Rômulo B. CURSO DE NUMEROLOGIA / Rômulo B. Rodrigues. Amazon. 2019.

Impresso pela Amazon – 2019.

2019. Escrito e produzido no Brasil.

1. Autoconhecimento. 2. Autoajuda. Desenvolvimento pessoal.
I. Título

ISBN 978-1974067879

COORDENAÇÃO:
Rômulo B. Rodrigues

E-MAIL: romulobr@outlook.com
FACEBOOK: http://facebook.com/romuloborgesrodrigues
BLOG: equilibrioeconsciencia.wordpress.com
TWITTER: @_arahat
SKYPE: samadhi514

ÍNDICE

Introdução
A ENERGIA QUE VEM DOS NÚMEROS

A Numerologia, através da análise dos seus números, facilitará o seu autoconhecimento, habilitando-o a conduzir os destinos da sua vida de forma consciente.
Os números têm vida e emitem energia. Neles você encontrará as respostas para as suas dúvidas, para suas incertezas.

Neles você descobrirá onde é frágil e o que deve evitar.

Neles você descobrirá onde está o seu grande potencial, encontrando assim, a energia para romper as barreiras que atrapalham.

Você deve estar se perguntando: Como começar essa busca?

A resposta é: descobrindo suas potencialidades e transformando esse conhecimento adquirido em sabedoria.

MÓDULO I
O SIGNIFICADO BÁSICO DE CADA NÚMERO

A realidade é matemática. Matéria e energia podem ser convertidas em números, os quais possuem significados qualitativos.

O método baseado nas teorias de Pitágoras é um dos mais utilizados pelos numerólogos modernos e será a base desse curso.

Os números de 1 a 9 estão associados a características específicas, que juntas, abrangem todas as experiências da vida.

A seguir, apresentamos de forma genérica os aspectos mais importantes de cada número, que têm características positivas e negativas.

Há também os Números Mestres, que serão explanados em um capítulo à parte.

O número 1

Único. O primeiro. É o princípio, a essência de todas as coisas.

Foi a partir desse número 1 que surgiram os outros. É o único que não modifica nenhum outro número na divisão e na multiplicação.

O 1 é líder por natureza, pois, saiu na frente.

Como nasceu só, teve que se virar para sobreviver. Aprendeu a ser um lutador, sem depender de ninguém.

Não que atrapalhe o coletivo, mas ele gosta da individualidade.

Essa luta pela sobrevivência o fez criativo, procurando sempre soluções inovadoras.

Ele é definitivamente uma pessoa de vanguarda. Age com muita autoconfiança e acredita piamente no que faz.

Representa pessoas capazes de alcançar posições de poder e autoridade, com grande habilidade em convencer e aconselhar quem não tem as suas características.

O número 1 odeia receber ordens. Ele gosta é de mandar. Quer chegar lá, completar tudo o que começou, e fica furioso quando aparece alguém para atrapalhar.

Na maioria das vezes, prefere trabalhar sozinho e resolver tudo por conta própria.

Às vezes se incomoda com um simples palpite fora de hora.

De forma geral, o número 1 precisa aprender a respeitar as limitações dos outros, dando a cada um seu tempo e seu espaço.

Significados pessoais

Características positivas:

- Liderança, pioneirismo, independência, criatividade, autoconfiança, lealdade, honestidade, sinceridade, decisão, coragem, perseverança, força de vontade e autocontrole.

Características negativas:
- Egoísmo, individualismo, intolerância, autoritarismo, egocentrismo, preguiça, orgulho, desonestidade, inércia e espírito dominador.

O número 2

Dupla. Dualidade. Doação. Diplomacia. O 2 é acima de tudo, um pacificador. Consegue unificar lados opostos, encontrando sempre o equilíbrio entre as forças.
É a união e a cooperação dos dois polos.

O 2 é também o intelecto, a percepção e a consciência do tempo e do espaço.

Consegue tudo isso porque tem um grande senso de justiça. É imparcial e tem uma capacidade incomparável de entender os outros.

É criativo e romântico. Adora receber elogios.

As pessoas que têm a energia deste número necessitam sempre do apoio dos outros: para ela, tudo deve ser realizado num espírito de união e harmonia.

Por outro lado, o espírito pacífico muitas vezes prejudica pessoas que estão sob a vibração do número 2. Muitas vezes acabam transformando-se em pessoas submissas e indecisas.

O 2 pode significar uma timidez excessiva ou até uma considerável dose de insegurança.

Mudam de humor com facilidade e não gostam de ser criticados.

Significados pessoais

Características positivas:
- Amizade, paciência, espírito conciliador, pacifismo, adaptabilidade, maternidade, justiça, compreensão, romantismo e gentileza.

Características negativas:
- Indecisão, submissão, insegurança, timidez, covardia, negligência, preguiça, impaciência, instabilidade e melindre.

O Número 3

O 3 é um otimista incondicional, alegre por natureza: para ele não tem tempo quente.

Para as pessoas representadas pelo número 3, a vida existe para ser vivida. E sua alegria é contagiante. Se a situação está difícil e aflige a todos, logo aparece o 3, transmitindo entusiasmo e otimismo. Ele sempre vê o lado bom da vida.

Como todo bom otimista, o 3 sabe se comunicar muito bem: é extrovertido como ninguém. Até nos momentos mais críticos ele ainda consegue ser espirituoso e acaba encontrando um lado positivo.

Para o número 3, tudo é motivo para festa, e ele está em todas. Sua sociabilidade é incomparável.

O 3 é também a manifestação da forma; pode-se dizer, de tudo.

É passado, presente e futuro. É família, pai, mãe e filho. É o oposto do 1; não consegue viver sozinho.

Mas o 3 também tem seus pontos negativos. Ele é muitas vezes superficial. Conhece muita gente; mas no fundo, tem poucos amigos.

Fadado a extravagâncias, pode adorar uma ostentação.

Significados pessoais

Características positivas:

- Espírito comunicativo, sociabilidade, boa expressão verbal e escrita, bom humor, otimismo, alegria, extroversão, diplomacia e "jogo de cintura."

Características negativas:

- Superficialidade, extravagância, cinismo, falta de espírito prático e objetividade, futilidade, ostentação.

O número 4

Meticuloso – essa é a palavra-chave para quem é representado pelo número 4.

É perfeccionista e repara em tudo. Ele é implacável e nada espaça ao seu olhar crítico.

Faz tudo com disciplina e organização. Aliás, em termos de organização, o 4 é muito chato, chegando a exagerar: não admite que nada dê errado.

Seus objetos são cuidadosamente guardados. Seus planos são previamente traçados. Tudo tem que estar sempre sob o seu controle.

Sua agenda é um plano de vôo de um supersônico: cada passo é milimetricamente registrado.

Em tudo o que faz é eficiente e competente; trabalha com afinco e dedicação.

Seu estilo sistemático o faz extremamente prático e autodisciplinado. O tempo é o seu maior capital, e muitas vezes seu patrão.

Seus chefes o adoram, mas os seus colegas, nem sempre. Mas ele não se incomoda, pois, o importante é fazer bem feito. No entanto, com toda essa obstinação, o 4 pode acabar até convivendo pouco com a família, ou pode até deixá-la completamente de lado.

Significados pessoais

Características positivas:
- Solidez, eficiência, organização, disciplina, honestidade, lealdade, segurança, trabalho, "peno chão," espírito prático e atenção.

Características negativas:
- Rigidez, espírito crítico, falta de "jogo de cintura," obsessão pelo trabalho, perfeccionismo, chatice.

O número 5

O 5 detesta a rotina e faz várias atividades ao mesmo tempo. Ginástica, cursos, faculdade, viagens... Tudo isso pode caber na cabeça do 5. Ele gosta de tudo isso e muito mais, principalmente atividades perigosas, como por exemplo, asa delta, para-quedismo, entre outras.

Talentoso e original, o 5 aproveita as boas oportunidades que aparecem.

Gosta de liberdade e adora viajar e explorar o desconhecido.

É o número dos 5 sentidos. É ativo e não se cansa. Está sempre mudando, e, não raro, começa algo novo sem ter concluído o que estava fazendo.

É o ponto médio entre o 1 e o 9: enxerga o passado e o futuro ao mesmo tempo; ou seja, consegue aproveitar a experiência do passado, projetando-a para o futuro.

É comum agir sem pensar: impulsivo e impaciente, o 5 não é muito estável e pode ofender os sentimentos das pessoas; mas seu magnetismo pessoal fascina a todos.

Significados pessoais

Características positivas:

- Gosto pela liberdade, carisma, sexualidade, espírito de vanguarda, boa memória, criatividade, magnetismo pessoal, independência, sensibilidade e aprende com facilidade.

Características negativas:

- Impaciência, impulsividade, instabilidade, indecisão, inquietação, insônia, não gosta de se envolver e sarcasmo.

O número 6

Casa, casamento, família e filhos. O 6 é o número da harmonia. O 6 tem um grande desejo de viver em paz e fazer justiça. Busca incansavelmente a harmonia no lar.

Afetuoso, não raro, dá muita importância à família e ao casamento.

Na hora em que mais precisa-se de um apoio, ele aparece. É realmente prestativo.

As pessoas que têm a energia do 6 têm um grande compromisso com a verdade. Basta mentir uma vez e você perderá a confiança delas para sempre. E muito cuidado, porque pessoas do número 6 têm uma intuição que não deixa ninguém escapar.

São também pessoas tranqüilas e preocupadas com a beleza. Devem tomar cuidado para que a vaidade não se torne doentia.

Não se cansam de ficar em frente ao espelho e nunca estão satisfeitas.

São tão exigentes que entram em mil lojas, experimentam tudo, aborrecem os vendedores e levam horas até encontrar o que querem.

Significados pessoais

Características positivas:

- Harmonia, beleza, espírito familiar, justiça, amizade, compaixão, companheirismo, ordem, afetividade, intuição e verdade.

Características negativas:

- Ciúme, tendência a dar palpites em excesso, falta de espírito prático, indecisão, vingança e distanciamento da realidade.

O número 7

O 7, sagrado, sábio, solitário, sempre em silêncio, sonha sem parar.

Quem tem o 7, tem dentro de si um mundo infinito, cheio de espiritualidade e energia psíquica.

As pessoas regidas por este número são introspectivas e muitas vezes inatingíveis. Têm poucos amigos e estão sempre numa infindável busca interior.

Ele é alheio ao que está acontecendo à sua volta. Impassível, ele continua na sua meditação. O tempo não o incomoda, pois o mundo, pelo menos o seu, é à prova de qualquer influência.

Não é muito propenso a um trabalho em grupo; mas sua intuição o torna um ser diferenciado, cujos conselhos são muitas vezes decisivos.

Discretas, as pessoas com a energia do número 7 sabem guardar segredos e gostam de participar das causas humanitárias. No entanto, o 7 pode acabar se tornando uma pessoa solitária.

Significados pessoais

Características positivas:

- Sabedoria, fé, autoconfiança, espiritualidade, discrição, força mental, espírito humanitário, honra, intuição, disciplina e bons conselheiros.

Características negativas:

- Solidão, dificuldade em lidar com críticas, introspecção excessiva, individualismo e falta de sociabilidade.

O número 8

O 8 significa o infinito. E, de fato, o infinito combina muito bem com o número 8; pois, ambição é o que não lhe falta. E ele acaba chegando lá fatalmente! Através de um pensamento analítico e organizado, ele consegue, de forma planejada, construir uma carreira bem-sucedida. Seu tino comercial aguçado abre os caminhos para o sucesso profissional e material.

E se existir algum obstáculo pela frente, não há problema. O 8 não se abate, pois é trabalhador e perseverante.

Seu lado materialista pode, no entanto, trazer problemas. Assim como pode acumular grandes fortunas, as pessoas que têm o 8 podem perdê-las do dia para a noite. E o fracasso pode levá-las a um espírito de vingança que dificultará a abertura de novos caminhos.

Significados pessoais

Características positivas:

- Pensamento analítico, faro comercial, persistência, organização, ambição autoridade, justiça e eficiência.

Características negativas:

- Materialismo, vingança, teimosia, "pavio curto," intolerância, crueldade e avareza.

O número 9

Sabedoria. O 9 é o número da compaixão. É o último dos números e acumula a experiência de todos os outros.

Idéias novas sempre brotam na cabeça das pessoas que estão sob a vibração dele. São idéias voltadas para o bem, em especial dos outros.

O 9 é assim: trabalha, trabalha, realiza, e no final dá tudo para os outros. O 9 se realiza ao saber que está fazendo alguém feliz.

Sua sabedoria faz deste "bobo" um nobre na arte de viver. Sente-se motivado com o êxito dos seus feitos. Porém, não se importa se não é elogiado, pois, a gratidão pode estar por trás de um simples olhar ou do mais inocente sorriso.

Quando há um problema de ordem material ou quando tudo parece perdido, o 9 surge e cria uma solução que ninguém imaginou. Suas idéias acabam vingando e dando certo. É o "salvador da pátria."

E tem mais um detalhe que torna o 9 definitivamente diferente dos números anteriores: faz tudo por amor, sem esperar nada em troca. Mas, se não tomar cuidado, o 9 pode se envolver tanto na solução dos problemas dos outros que acabará deixando a si próprio e sua família em segundo plano.

Significados pessoais

Características positivas:

- Amor pelo próximo, compaixão sabedoria, espiritualidade, altruísmo, desapego a bens materiais, criatividade e solidariedade.

Características negativas:

- Sem autocontrole, pode tornar-se agressivo, falta de objetivos, não tem espírito prático, dedica-se muito aos outros e pode esquecer-se do seu lar.

MÓDULO II
OS NÚMEROS MESTRES

Ao fazermos o cálculo numerológico, chegamos sempre a um único dígito, exceto quando o resultado final é 11, 22 e 33.

Estes números duplos são os Números Mestres.

Mestres na arte de viver para o próximo.

Têm um poder de criação, inspiração e liderança que pode mover montanhas.

Mas não se iluda: se você pode viver sob a vibração de um Número Mestre, mas não age de acordo com os ideais humanitários e, sobretudo com as aspirações espiritualmente elevadas que o norteiam, seu número será reduzido a apenas um único dígito.

Aproveite a potencialidade deste número e tenha certeza de que ele poderá ajudar a atingir objetivos elevados, construindo assim, um mundo melhor.

O número 11

Não adianta gritar: o 11 não vai ouvir. Está distante, num mundo ideal que ele mesmo construiu ou está construindo, sem fome, miséria, tristeza e solidão. Utopia? Para o 11 não; pois ele acredita que em breve seu mundo interior será realidade.

A inspiração desse Número Mestre é capaz de contornar grandes conflitos.

Carismático e idealista por natureza, o 11 não se cansa de buscar um mundo melhor.

Paciente e batalhador, ele age com determinação.

O 11 estará sempre diante de grandes desafios; e a maneira com a qual ele enfrentará estes verdadeiros testes que a vida irá impor, é que fará com que se desenvolva plenamente.

Na busca por um mundo ideal e muito mais humano, o 11 gosta de ser reconhecido pela sua obra.

Exigente, não aceita o fracasso e abomina críticas.

Para quem tem a vibração do número 11, agindo pelo bem do próximo, suas obras serão duradouras.

Caso a pessoa 11 não consiga viver à altura da exigência do potencial deste número, então viverá como um 2 (que é a soma de 1 mais 1) e suas características.

Significados pessoais

Características positivas:

- Inspiração, sensibilidade à espiritualidade, paciência, idealismo, preocupação com o próximo, espírito comunitário, carisma, determinação e diplomacia.

Características negativas:

- Nervosismo, egocentrismo, perfeccionismo, vive no "mundo da lua," incapacidade de absorver críticas, indecisão e impaciência.

O número 22

É o número do mestre espiritual atuando no mundo material.

Como o 2, trabalha sempre com alguém e tem uma excelente capacidade para entender os outros.

Ele consegue transformar sonhos em realidade.

Paciente, otimista e diplomata, o 22 tem uma grande vocação para negócios.

Com sua organização e inteligência, consegue terminar tarefas e obras que os outros não conseguiram ou pararam no meio do caminho.

Voltado para o coletivo, o 22 tira de dentro de si uma grande força, capaz de realizar projetos grandiosos com benefícios duradouros.

Mas, a responsabilidade desse Número Mestre é muito grande. E muitos que têm 22 na sua formação numerológica não suportam as cobranças e o fardo que esse número carrega.

Caso a pessoa não consiga viver á altura da exigência do potencial deste número, então viverá como um 4 (que é a soma de 2 mais 2) e suas características.

Significados pessoais

Características positivas:

- Idealismo com senso prático, espiritualidade, altruísmo, filantropia, equilíbrio, praticidade, força, vigor e ordem.

Características negativas:

- Abuso de poder, falsidade, imprudência, ambição extremada, manipulação e megalomania.

O número 33

É o número de quem está voltado para projetos de cunho exclusivamente humanitário.

As pessoas que têm o 33 são despojadas de qualquer apego a bens materiais.

Isso significa entregar sua vida ao próximo sem a preocupação com lucros ou mesmo sem querer, com este trabalho, uma grande notoriedade.

O número 33 é raro de ser vivenciado e se manifesta em pessoas como Madre Tereza de Calcutá, Mahatma Gandhi, Irmã Dulce, entre outras.

Caso a pessoa 33 não consiga viver à altura da exigência do potencial deste número, então viverá como um 6 (que é a soma de 3 mais 3) e suas características.

Significados pessoais

Características positivas:

- Idealismo, espiritualidade, altruísmo, filantropia, equilíbrio e praticidade.

Características negativas:

- Perversidade, confusão espiritual, egocentrismo, instabilidade, hipocrisia.

MÓDULO III
O PODER DO NOSSO NOME

COMO TRANSFORMAR NOSSO NOME EM NÚMEROS

Todas as qualidades e características que juntas formam a nossa identidade estão nas letras, as quais têm uma correlação com os números.

O nosso nome é a representação energética do nosso potencial.

Para que viemos ao mundo?
Como nos manifestamos?
Como devemos caminhar?

O nosso nome é composto por letras que estão associadas a números.

Ao transformar nosso nome de nascimento em números, e através da interpretação desse conjunto, tomamos conhecimento de forma detalhada do que cada número representa, assim como, de suas manifestações positivas e negativas.

Neste módulo, ensinaremos como calcular os números aos quais seu nome está associado. Mas é importante ter consciência de que os números não vão fazer nada sozinhos, ao tomar conhecimento da sua potencialidade; ou seja, do que os números representam, você deverá trabalhar bastante, procurando realçar seus pontos positivos e corrigir os seus aspectos negativos.

Na análise numerológica devemos usar o nosso nome de nascimento, pois, é ele que carrega o potencial de outras vidas e a energia para que vivamos plenamente.

É muito fácil calcular o seu número a partir do nome de nascimento. Basta seguir as seguintes instruções:

1. Tenha em mãos a tabela de Conversão de Letras (vide abaixo).

1	2	3	4	5	6	7	8	9
A	B	C	D	E	F	G	H	I
J	K	L	M	N	O	P	Q	R
S	T	U	V	W	X	Y	Z	

2. Escreva o seu nome de nascimento completo num quadro com três linhas como o quadro abaixo (para ilustrar o cálculo, apresentamos o exemplo de Martin Luther King).

Acima de cada vogal coloque seu número correspondente. Na linha de baixo, faça o mesmo com as consoantes (quadro abaixo).

QUADRO

A energia dos seus números

1 9 3 5 9 → 27 → 2+7 = **9**→**Número da Alma**

MARTINLUTHERKING

4 92 5 3 2 8 9 2 5 7 → 56 → 5+6 = **11**→**Número da Personalidade**

27 + 56 = 83 → 8+3 = **11**→**Número do Destino**

3. Some os números correspondentes às vogais. Caso o resultado gere um número de dois dígitos (exceto no caso dos Números Mestres 11, 22 e 33), faça uma nova soma até chegar a um único dígito. Este será o seu número de alma (soma das vogais).

$$1 + 9 + 3 + 5 + 9 = \mathbf{27} \rightarrow 2 + 7 = \mathbf{9}$$

Importante: A letra "Y" deve ser considerada uma vogal.

4. Faça o mesmo com as consoantes até chegar a um dígito (exceto os Números Mestres 11, 22 e 33), o qual será o seu número de personalidade (soma das consoantes).

$$4 + 9 + 2 + 5 + 3 + 2 + 8 + 9 + 2 + 5 + 7 = \mathbf{56} \rightarrow 5 + 6 = \mathbf{11}$$

5. Por último, some os dois totais, das vogais e das consoantes, até reduzi-los a um único algarismo (exceto os Números Mestres 11, 22 e 33). Você encontrará então, o seu número de destino (soma de todas as letras).

$$27 + 56 = \mathbf{83} \rightarrow 8 + 3 = \mathbf{11}$$

MÓDULO IV
O NÚMERO DA ALMA
A ENERGIA VIBRATÓRIA DAS VOGAIS

Ao longo das suas vidas passadas a sua alma acumulou muitas experiências positivas e negativas, as quais vêm determinando o seu desenvolvimento.

Para enfrentar melhor este processo e aprender com ele, a Numerologia propicia o estudo dessa energia acumulada. E é exatamente através da soma das vogais do nome de cada um que podemos tomar conhecimento do potencial desenvolvido em outras vidas, que agora fornece as ferramentas para lidar com a vida atual.

O Número da Alma também indica os seus sentimentos mais profundos e a motivação da própria alma, da qual nem sempre somos conscientes.

As vogais trazem a energia oculta que significa o "Eu" escondido; ou seja, nossa alma.

Número de Alma 1

Você traz um grande espírito de iniciativa e liderança, desenvolvido ao longo das suas vidas passadas.

Você vivenciou um grande destaque na sociedade, nos negócios ou até no esporte e na cultura.

Você gosta de traçar seus caminhos e prefere agir sozinho, tendo dificuldades em aceitar a opinião dos outros.

Você aprendeu a ser idealista, lutando obstinadamente pelas suas convicções.

Não suporta imposições, preferindo estabelecer e seguir suas próprias regras.

A determinação e a força de vontade fizeram de você um pioneiro que aprecia as novidades.

Você deve aproveitar a sua grande força interior, o que o capacita a tomar iniciativas e a liderar empreitadas.

Deve estar atento para não cair na tentação de achar que sabe tudo e que não precisa da contribuição dos outros, podendo assim, tornar-se egoísta, dominador e intransigente.

Número de Alma 2

Ao longo das suas vidas passadas, aprendeu a procurar sempre uma solução para os problemas, garantindo assim, a harmonia no lar, no trabalho ou mesmo nos seus relacionamentos pessoais.

Amante da paz, trabalhou muito bem em grupo, normalmente sob o comando de um líder.

Sua alma lhe confere uma excepcional capacidade de discernimento, através da qual consegue separar "o joio do trigo" sem dificuldade.

Sabe guardar segredos e dar conselhos como ninguém.

Sua gentileza e amabilidade atraem principalmente aqueles que nos momentos difíceis procuram um ombro amigo.

Você deve tirar proveito desse seu potencial de companheirismo e diplomacia para obter sucesso em tudo aquilo que faz; evitando assim que a indecisão e a insegurança atrapalhem a concretização de seus planos.

Número de Alma 3

Ao longo das suas vidas passadas, aprendeu a não se abater diante dos problemas e sempre procurou encontrar o lado bom da vida.

A alegria, o espírito desarmado e o otimismo foram os seus traços marcantes.

Ser feliz é fazer os outros felizes: esse é o seu lema. Seu sorriso estampado no rosto e seu estilo espirituoso são envolventes.

Desenvolveu um grande poder de comunicação e uma criatividade aguçada.

Nos momentos mais difíceis consegue minimizar o sofrimento, confortando os mais entristecidos.

Se o ambiente estiver descontraído, melhor ainda: aí é que você se solta, contagiando os que estão à volta.

Você deve capitalizar seu bom humor e otimismo com vistas a atingir os seus objetivos, evitando a superficialidade, a mentira, o narcisismo e a propensão a fazer fofocas; defeitos que podem se manifestar a qualquer hora.

Número de Alma 4

Ao longo das suas vidas passadas, acumulou um grande espírito prático voltado ao trabalho bem feito.

Exigente e perfeccionista, aprendeu a agir de forma organizada e sem precipitação.

Aprendeu a trabalhar com eficiência e colhendo bons resultados; pois costuma lograr êxito, principalmente material, em tudo aquilo que faz.

Desde a decoração de sua casa até o desenvolvimento de um projeto, é cauteloso e não costuma se envolver em aventuras perigosas.

Aprendeu a ser prudente, considerando primeiro os obstáculos a serem transpostos, para depois avaliar os benefícios.

Você deve assumir aquilo que verdadeiramente é: trabalhador, eficiente e meticuloso.

Não deve ficar preocupado com acusações ou ciúme; caso contrário, pode enveredar para o caminho da improdutividade, da negligência e do medo.

Número de Alma 5

Você traz um grande amor pela liberdade, desenvolvido ao longo das suas vidas passadas.

Nunca aceitou que alguém interferisse nas suas decisões. Ser feliz, para você, é pode ir e vir.

O excesso de rotina o deixa irritado, pois você prefere o inusitado, o surpreendente e o inesperado.

Foge sempre da monotonia. Seu desejo insaciável de viajar vem da sua vivência e da sua necessidade de liberdade.

É atraído por novas perspectivas. Aventuras não-convencionais o seduzem.

Você desenvolveu muitos talentos e possui diversos interesses.

Sua mente é brilhante, e sua curiosidade faz como que explore novas idéias sem preconceitos.

Deve tomar cuidado caso esteja com dificuldade momentânea de expressar esse seu jeito de ser, para não sucumbir ao vício (drogas, alcoolismo, jogo, etc) e a atitudes irresponsáveis.

Número de Alma 6

Você traz um espírito de enorme responsabilidade voltado para a harmonia familiar, desenvolvido ao longo das suas vidas passadas.

Fiel no casamento, dedica-se com louvor ao bem-estar e à felicidade daqueles que o cercam.

Tem uma sensibilidade muito aguçada e é capaz de restabelecer a paz entre aqueles que estão à sua volta.

Cumpre seus deveres com primazia e não foge aos seus compromissos.

Prefere trabalhar em grupo a trabalhar de forma individual.

Você deve aproveitar o dom que possui e construir assim, um mundo mais harmônico e justo. No entanto, tome cuidado para não se tornar possessivo.

Número de Alma 7

Você traz a sabedoria e a justiça desenvolvidas ao longo das suas vidas passadas.

Procura sempre analisar os fatos com profundidade para então chegar a uma conclusão que o leve a ações seguras.

Não gosta que pairem dúvidas sobre as suas atitudes.

Consegue através da busca da espiritualidade uma forma de iluminar os seus caminhos.

A retidão na conduta é mais importante que o prazer.

Prefere as companhias que gostem de filosofar sobre a vida, e muitas vezes gosta de ficar só. E aí, sozinho, encontra na introspecção a oportunidade de questionar e analisar tudo que o cerca.

Você aprendeu a entrar em sintonia com você mesmo, desenvolvendo seus próprios recursos.

Você deve aproveitar sua espiritualidade e seu senso refinado de justiça para conquistar seu espaço. Mas não pode descuidar; pois tende entrar em melancolia.

Número de Alma 8

Você aprendeu os benefícios de uma rígida disciplina, inteligência e eficiência desenvolvidas ao longo das suas vidas passadas, quando teve a oportunidade de colocar sua habilidade executiva em ação.
Sua ambição e perspicácia o habilitam a organizar empreendimentos de vulto ou abraçar grandes causas.

Sua determinação e vitalidade física contribuem para que exerça uma grande liderança nas atividades de que toma parte.
É grande o seu desejo de ocupar altar posições e obter prosperidade material.
Você é dotado de muita energia; mas precisa aprender a aceitar seus próprios erros e a não exigir demais de si próprio.

Você deve aproveitar toda sua disposição e capacidade de liderança, e controlar o lado materialista, a intolerância e, em especial, a sede de poder.

Número de Alma 9

Você traz a generosidade e o espírito humanitário desenvolvidos ao longo das suas vidas passadas.

Ficou sempre à disposição dos outros, colocando seus próprios assuntos em segundo plano.

Você aprendeu a se doar em favor da comunidade ou daqueles que mais estima.

Abraçou uma causa humanitária, dando não só não seu afeto, como também seu conhecimento e experiência.

É prestativo e coloca-se à disposição para ajudar a resolver qualquer problema.

Amigo dedicado e bom amante, consegue manter relacionamentos sólidos por muito tempo.

Você deve explorar sua capacidade em situações onde pode ser generoso e onde pode usar os seus talentos criativos.

Controle suas emoções, caso contrário, terá dificuldade de atingir seus objetivos.

Número de Alma 11

Ao longo das suas vidas passadas, desenvolveu a sabedoria e a compreensão, com forte inclinação à espiritualidade.
Aprendeu a ter coragem diante das situações inesperadas.

De fato, pode aplicar inúmeras vezes o seu conhecimento espiritual nos mais diversos campos. E, á medida que for adquirindo mais sabedoria, poderá, com seu idealismo, influenciar as outras pessoas.

Poderá ser muito requisitado como conselheiro e confidente.

Possui uma visão ampla do mundo à sua volta, devendo dedicar-se à realidade e evitando portanto, cair numa vida visionária destituída de senso prático.

No entanto, caso você não esteja conseguindo viver à altura das vibrações deste Número Mestre, o seu Número de Alma é o 2, que é derivado de 1 + 1.

Número de Alma 22

Ao longo das suas vidas passadas, aprendeu a ter consciência e percepção superiores e a agir como um mestre-construtor, querendo interferir na realidade, corrigindo erros e aparando arestas, pelo bem e pela segurança de todos.

Idealista, tem uma inteligência privilegiada, espírito de liderança e uma inabalável capacidade de conquistar grandes vitórias em todos os campos de atuação.

Tem sempre como meta, contribuir para a construção de um mundo melhor.

Entretanto, caso você não esteja conseguindo viver à altura das vibrações deste Número Mestre, o seu Número de Alma é o 4, que é derivado de 2 + 2.

Número de Alma 33

Ao longo das suas vidas passadas, você aprendeu a dirigir sua vida em função do próximo, iluminando o caminho de todos, sacrificando a sua vida particular e inspirando a criação de organizações com fins humanitários.

Paciente e caridoso, é despojado de qualquer apego material. Possui uma humildade ímpar e uma grande capacidade de compreender o próximo, o que o torna uma pessoa rara.

No entanto, caso você não esteja conseguindo viver à altura das vibrações deste Número Mestre, o seu Número de Alma é 6, que é derivado de 3 + 3.

MÓDULO V
A ENERGIA VIBRATÓRIA DAS CONSOANTES
O NÚMERO DA PERSONALIDADE

O que os outros pensam a seu respeito? Qual é a sua imagem perante as pessoas?

Muitas vezes você não percebe como suas atitudes estão sendo interpretadas e como você se apresenta.

Essa imagem pode não corresponder àquilo que você realmente é.

Através da soma das consoantes do seu nome, pode-se descobrir o que os outros pensam ou esperam de você; contribuindo assim para o seu autoconhecimento.

Para fazer o cálculo do seu Número de Personalidade, releia o módulo O Poder do Nosso Nome.

As consoantes trazem a energia que não é oculta; ou seja, aquele que é aparente e que os outros vêem.

Número de Personalidade 1

Você transmite uma imagem de liderança, independência e autoconfiança que indica capacidade de enfrentar adversidades. Por isso você será procurado para cuidar de projetos em que essas qualidades sejam necessárias.

Os outros vêem em você uma capacidade para assumir o controle de qualquer situação, dirigindo com incomparável eficiência e organização.

Se agir com equilíbrio, será um líder empreendedor e poderá contar com a confiança e o apoio dos seus comandados.

Caso você esteja manifestando os aspectos negativos desse Número, procure melhorar o seu tato, adquirindo um espírito mais diplomático e agindo com mais paciência para não correr o risco de parecer uma pessoa autoritária e egoísta.

Número de Personalidade 2

Você transmite uma imagem de pessoa prestativa, companheira e de grande espírito diplomático.

Procura seguir um líder e não gosta de ser o centro das atenções, agindo geralmente nos bastidores.

Os outros vêem em você alguém com uma preocupação exagerada com a opinião alheia e muita sutileza na sua capacidade de persuasão sobre aqueles que o cercam; jamais demonstrando um comportamento autoritário.

É também visto como uma pessoa equilibrada e discreta até na forma de se vestir, e que necessita de um ambiente tranquilo para atuar positivamente.

Caso você esteja manifestando os aspectos negativos desse Número, deve procurar acreditar mais em você para não parecer inseguro diante de situações que não domina.

Número de Personalidade 3

Você transmite uma imagem de alegria, afeto e otimismo. Não gosta de perder nenhuma festa; em especial aquelas onde pode dar vazão ao seu talento artístico comunicativo e ao seu charme.

As pessoas vêem em você uma pessoa descontraída, imbuída de um incomparável senso de humor.

O estilo maleável e a mente fértil dão a essa personalidade condições de tomar parte de qualquer negócio.

É sempre bem-vindo; pois, contagia a todos, e mesmo nos momentos mais difíceis consegue encontrar um lado positivo, ou pelo menos, tirar uma lição do que está acontecendo.

Caso você esteja manifestando os aspectos negativos desse Número, deverá demonstrar seriedade para que não seja visto como uma pessoa fofoqueira, imatura e que age de maneira irresponsável em qualquer situação.

Número de Personalidade 4

Você transmite uma imagem de solidez e eficiência.

Sustenta uma aparência de pessoa confiável e produtiva.

Não gosta de superficialidade, desonestidade e covardia.

Os outros vêem você como alguém que tem uma grande capacidade produtiva e age com muita prudência.

Jamais se deixa envolver por propostas levianas e sedutoras, esforçando-se para cumprir seus compromissos.

Fiel a regulamentos e normas, é pontual e gosta de seguir uma rotina.

Demonstra um apego aos bons costumes: conservador, prefere vestir-se de forma sóbria clássica, sem nenhuma extravagância.

Mas, se você estiver manifestando os aspectos negativos desse Número, deve procurar aceitar mais as opiniões dos outros para não parecer inflexível, demasiadamente controlador e apegado a detalhes.

Número de Personalidade 5

Você transmite uma imagem de pessoa curiosa e impaciente, marcadamente na infância.

Na adolescência é visto como amante da aventura. E na fase adulta, manifesta um espírito dinâmico.

As pessoas vêem em você alguém avesso à rotina; que gosta de assumir riscos.

Atrai as pessoas com o seu magnetismo e tem muito senso prático.

O passado já ficou pra trás. O futuro algum dia chegará. O que importa mesmo é o presente, o que está acontecendo agora.

Gosta de liberdade, de ambientes novos e não recusa nenhum convite para viagens.

Mas, se você estiver manifestando os aspectos negativos desse Número, deve procurar ser mais paciente, concentrando-se naquilo que faz. Só assim evitará dispersar suas energias.

Sua grande sensualidade pode dificultar a manutenção de relacionamentos fiéis e duradouros.

Número de Personalidade 6

Você transmite, desde criança, uma imagem de afetuosidade e serenidade.

Demonstra uma preocupação em buscar a verdade e a justiça.

A beleza e a harmonia parecem fazer parte dos seus interesses.

As pessoas vêem em você alguém com um espírito bondoso, amigável e até mesmo protetor; o que lhe confere uma grande confiabilidade.

Demonstra um apego ao lar e à família; sendo dedicado ao casamento e um excelente anfitrião.

No entanto, se você estiver manifestando os aspectos negativos desse Número, deve procurar perdoar os erros dos outros, para não correr o risco de ser visto como uma pessoa orgulhosa.

Número de Personalidade 7

Quando criança, demonstra uma propensão a desenvolver no futuro, trabalhos intelectuais e uma rejeição a atividades que gerem desgaste físico.

Os outros o vêem como uma pessoa intelectualmente dotada, com uma intuição aguçada e intensamente voltada para a vida espiritual.

Você parece solitário, absorvido pelos seus pensamentos.

Tem uma aparência distinta e refinada e veste-se com sobriedade.

Transmite uma aversão a intimidades e brincadeiras fora de hora.

Pode ser atraído por atividades excêntricas.

Entretanto, se estiver manifestando os aspectos negativos desse Número, você aparentará ser uma pessoa que prefere ficar isolada, não confiando nos outros e centrando-se em si próprio.

Número de Personalidade 8

Quando criança, transmite uma imagem de pessoa prestativa e trabalhadora, cuidando com muito zelo dos seus pertences, em especial do dinheiro.

Já na fase adulta, demonstra interesse por projetos ambiciosos, nos quais possa assumir o controle e atingir rapidamente a independência financeira.

Você aparenta ter muita vitalidade e disposição em toda atividade que participa, tanto profissional como assistencial; ou mesmo em situações emergenciais.

Tem aparência de gente bem-sucedida, preocupada em causar boa impressão, dispensando artigos baratos e optando sempre pelo o que está na moda; em especial produtos de grife.

Todavia, se você estiver manifestando os aspectos negativos desse Número, parecerá uma pessoa autoritária, excessivamente crítica e imbuída de um forte espírito de competição.

Número de Personalidade 9

Desde criança, transmite grande preocupação pelo próximo, dividindo seu lanche na escola e dando brinquedos ou roupas para aqueles que mais necessitam.

Sonha com profissões em que possa ajudar os outros, tais como de médico ou bombeiro, ou com atividades altamente rentáveis para que tenha condições de construir um mundo melhor.

Os outros vêem em você alguém com um talento especial, com um desejo de ajudar todos sem esperar nenhuma recompensa.

Você é desprovido de qualquer preconceito.

As pessoas o reconhecem pelo seu espírito hospitaleiro e afetuoso. Você luta não só pelos seus ideais, mas também pelos dos outros.

Entretanto, se você estiver manifestando os aspectos negativos desse Número, você parecerá uma pessoa pouco confiável, lenta na tomada de decisões, exatamente porque não consegue julgar com a razão.

Pode também parecer uma pessoa egoísta e perdida na busca de objetivos utópicos.

Número de Personalidade 11

Você apresenta no começo da vida muitos medos e dúvidas em relação à sua intuição. Com o tempo, após muito estudo e dedicação, vai adquirindo confiança para expressar o potencial que adquiriu durante as suas vidas.

Os outros vêem em você alguém que está sempre à procura de paz e harmonia entre os homens.

Seu espírito de liderança se manifesta de forma pacífica, imbuído dos mais elevados ideais.

Você atrai a atenção ao falar e agir, servindo como exemplo.

Sua imagem o dirige para as áreas da arte, da psicologia e da diplomacia.

Tem uma tendência especial para as artes na televisão.

Porém, quem tem esse Número só conseguirá orientar e ensinar a todos como um verdadeiro mestre, se agir com humildade.

Caso você não esteja conseguindo viver à altura das vibrações Deste Número Mestre, estará projetando uma imagem de grande dependência, distanciamento da realidade e obsessão por suas fantasias.

Número de Personalidade 22

Você transmite uma imagem de quem procura alcançar o sucesso no plano material para revertê-lo também em projetos humanitários e filantrópicos.

As pessoas vêem em você muita paciência e perseverança.

É admirado pelo seu espírito diplomático e refinado, superando os problemas que surgem com eficiência e praticidade.

Faz o melhor que pode para chegar ao seu objetivo.

É determinado. É muito procurado porque transmite uma imagem de quem resolve os problemas de maneira prática e criativa.

Caso você não esteja conseguindo viver à altura das vibrações deste Número Mestre, poderá demonstrar ser uma pessoa centrada no trabalho, negligenciando tudo à sua volta, até mesmo a sua família.

Número de Personalidade 33

Se estiver realizando esse Número Mestre de forma plena, transmitirá uma imagem de humildade e generosidade ímpar. Demonstra que sempre coloca o seu amor, o seu tempo e todos os seus bens materiais à disposição dos outros.

Tal idealismo humanitário se manifesta de várias formas; desde participações em projetos grandiosos até situações mais simples, como recolher um animalzinho doente da rua e levá-lo para casa.

As pessoas vêem em você alguém dotado de uma grande humildade e amor fraternal.

Procura ajudar o próximo sem querer receber nada em troca, nem mesmo um simples elogio.

Caso você não esteja conseguindo viver à altura das vibrações deste Número Mestre, poderá parecer alguém completamente fora de sintonia com a realidade e fora do mundo em que vive.

MÓDULO VI
O NÚMERO DO DESTINO

A ENERGIA VIBRATÓRIA DE TODAS AS LETRAS

Quais são as suas capacidade latentes?
Qual caminho que você deve seguir?
Quais as habilidades que você deve desenvolver?

Certamente, você tem uma missão nessa existência, que é o seu propósito; ou seja, o caminho que necessita seguir para a realização pessoal e profissional.

É através do Número do Destino (que é formado pela soma de todas as letras do nome) que poderá descobrir como manifestar os seus potenciais, contribuindo assim para essa realização.

Para calcular o seu Número do Destino, vide o capítulo III – O Poder do Nosso Nome.

O Número do Destino poderá influenciar o tipo de profissão ou ocupação que você desenvolve.

Embora a energia do seu nome possa ser modificada quando este é alterado no casamento ou mesmo quando ele é assinado de forma diferente, a vibração do Número do Destino é gravada pelo nome de nascimento; e portanto, será sempre a energia fundamental que ficará por trás das suas atitudes e talentos.

A união do nosso potencial oculto, desenvolvido em vidas passadas, com os nossos talentos aparentes é que vai nos guiar através do nosso caminho.

Número de Destino 1
- Liderança -

Você deve aproveitar as oportunidades que a vida oferece, aprendendo a desenvolver o seu potencial interior marcado por uma grande autoconfiança e capacidade de tomar a iniciativa.

Você deverá pôr em prática sua capacidade empreendedora, liderando projetos originais e exclusivos.

Seus talentos permitirão que você tenha o seu próprio negócio, ou atue em atividades em que pelo menos você exerça a liderança, planejando e dirigindo suas ações.

Você terá êxito se aproveitar as oportunidades que surgirem no campo da pesquisa científica, no comando político, como designer ou ocupando posições de direção.

Em suma, em tudo em que haja pioneirismo e a visão focada no futuro possa ser valorizada.

No entanto, deve evitar o autoritarismo e o orgulho.

É importante que tome a iniciativa. Entretanto, nunca se esqueça de que não fazemos nada sozinhos; mas sim, em parceria com os outros.

Número de Destino 2
- Diplomacia – Pacifismo -

Você deve seguir pela vida com a missão de ajudar o próximo e semear a paz, tanto na família quanto no trabalho ou na sociedade. Você age com a emoção e a intuição. É sentimental e romântico, e gosta de fazer parcerias, valorizando a relação no casamento.

Deverá pôr em prática sua capacidade diplomática, aproveitando o seu tato para lidar com os mais diferentes problemas e encontrar soluções para as situações difíceis que surgirem pela vida. Saberá esperar para agir no momento certo.

Pode usar a sua capacidade ímpar de observar e analisar os detalhes.

Você terá êxito se aproveitar as oportunidades que surgirem no campo da diplomacia, em relações públicas, como professor ou em trabalhos que envolvam muita negociação.

Deve evitar o pessimismo, a dependência excessiva de outras pessoas e o melindre por fatos insignificantes.

Número de Destino 3
- Comunicação -

Deve seguir os caminhos da vida desenvolvendo sua imaginação fértil, sua excepcional capacidade de comunicação e suas inegáveis habilidades artísticas.

Rindo, brincando, usando o senso de humor, com uma incomparável capacidade de fazer relacionamentos, você deve aproveitar este seu espírito alegre e otimista para motivar a todos.

Você atrai as pessoas tanto para a amizade como para o amor.

Falante e líder natural, conquista facilmente popularidade.

Gosta de gozar a vida, apreciando a boa comida, a música em geral, roupas bonitas; e também, de ganhar presentes.

Você terá êxito se aproveitar as oportunidades que surgirem no campo do entretenimento, na área financeira e em profissões que envolvam a comunicação ou a criatividade, tais como as de escritor, artista, vendedor, orador, fotógrafo, músico, jornalista ou executivo de propaganda e marketing.

Não desperdice suas energias em várias direções. Procure não se meter em assuntos alheios. Evite fofocas e nunca manipule as pessoas.

Número de Destino 4
- Construção –

Deve seguir pela vida desenvolvendo a disciplina e a eficiência, a fim de chegar a resultados concretos em atividades que tenham importância.

A honestidade e a responsabilidade fazem parte do seu caráter.

É conservador e gosta de viver de acordo com as regras e a tradição.

Você deverá aproveitar seu potencial planejando suas ações de forma sistemática.

É o número da terra: você tem uma ligação muito forte com construção, matemática, física, mecânica e administração pública.

Gosta de planejar, ficando mais à vontade para trabalhar em atividades mais concretas, como as de engenheiro, médico, escritor e em posições de gerência em que a disciplina, a atenção a detalhes e a busca da perfeição sejam fundamentais.

Deverá agir de forma prática e realista, pois, muitas vezes poderá se atrapalhar na solução dos assuntos mais simples.

Tome cuidado ao julgar os outros, pois você tem uma forte propensão separar tudo entre certo e errado, tornando-se extremamente crítico.

Evite a obsessão pela rotina e aceite as mudanças com mais tranquilidade.

Número de Destino 5
- Versatilidade -

Deve seguir pela vida usando a sua agilidade mental e a sua capacidade de resolver rapidamente os problemas, podendo adaptar-se então às constantes mudanças.

Você deverá pôr em prática seu potencial, agindo com maleabilidade e versatilidade.

Como você tem um pensamento livre, acaba não se apegando a bens materiais.

Seus relacionamentos não serão duradouros quando estiver lidando com pessoas demasiadamente limitadas a responsabilidades e rotinas.

Você possui uma energia latente, é impaciente e está sempre à procura de mudanças e novas aventuras; expondo-se assim, às mais diferentes experiências.

Você terá êxito se aproveitar as oportunidades que envolverem contato com o público; pois, é fluente na comunicação oral.

Poderá atuar como vendedor, publicitário, guia de turismo, orador ou apresentador de televisão.

Deve controlar a dificuldade em conviver com regras e normas, pois, corre o risco de não terminar as atividades e os negócios que iniciou.

Você precisa de liberdade, mas, acima de tudo, deve estar consciente de que o mais difícil é conviver com ela.

Número de Destino 6
- Responsabilidade -

Deve seguir os caminhos da vida desenvolvendo o equilíbrio, a responsabilidade e o amor, sendo uma pessoa prestativa tanto dentro da família como na comunidade e no ambiente de trabalho. Agindo assim, sentirá uma grande alegria de viver.

Você deverá pôr em prática seu potencial, agindo com justiça, orientando aqueles que o procuram.

Ama a beleza, gosta das artes e aprecia uma casa bem-arrumada.

Normalmente, as pessoas que têm esse Número procuram uma atividade que vise o benefício dos outros.

Você terá êxito se aproveitar as oportunidades que surgirem trabalhando como decorador, professor, designer, psicólogo, enfermeiro, consultor ou responsável por projetos comunitários.

Você tende a ter empregos duradouros e apenas um casamento ao longo da vida.

Cuidado, pois, pode tornar-se super-protetor, ou então exigente demais, eternamente insatisfeito com os resultados alcançados.

Número de Destino 7
- Análise -

Deve seguir pela vida desenvolvendo a sabedoria, a intuição e a espiritualidade.
Você deverá pôr em prática seu potencial, questionando, analisando, refletindo, buscando respostas sobre o significado da vida no seu próprio "Eu" interior.

É uma pessoa intelectualmente curiosa, que valoriza a educação e o conhecimento.

Sua missão na vida é procurar compreender, e assim, obter o seu desenvolvimento.

É atraído por lugares tranquilos junto à água e à natureza.

Sua freqüente propensão à introspecção pode acabar afastando-o do convívio social e, embora seja procurado para orientar, nem sempre é compreendido.

Você terá êxito se aproveitar as oportunidades que surgirem trabalhando em pesquisa e análise científica, composição de músicas, literatura, química e ciências ocultas.

Precisa tomar cuidado com as manifestações negativas do seu Número, que são o orgulho e arrogância.

Pode ter dificuldade em adaptar-se a lugares e pessoas diferentes do seu convívio; o que limita suas possibilidades de crescimento pessoal.

Número de destino 8
- Tenacidade -

Deve seguir os caminhos da vida desenvolvendo a autoconfiança, a ambição, o poder e a habilidade em lidar com o dinheiro de forma responsável, podendo chegar a uma posição de destaque na área financeira.

Você deverá pôr em prática seu potencial agindo com eficiência e determinação, a fim de resolver problemas desenvolvendo métodos para aumentar a eficiência.

É importante que aprenda a trabalhar em grupo.

Buscará a independência financeira desde cedo, procurando abrir as portas para a riqueza material.

Você terá êxito se aproveitar as oportunidades que surgirem trabalhando na administração de empresas, na área financeira, em bancos, empresas públicas e hospitais.

Por outro lado, você nunca pode se deixar atrair de maneira obsessiva pelo prazer que o poder e o dinheiro podem proporcionar; pois, corre o risco de tornar-se materialista, voltando-se obsessivamente para o acúmulo de bens.

Caso esteja vivenciando os aspectos negativos desse Número, será uma pessoa intolerante, arrogante e radical.

Nunca estará satisfeito, tornando-se um sério candidato à depressão.

Número de Destino 9
- Fraternidade -

Deve seguir pela vida trabalhando pelo próximo.

A sua missão estará focada na transmissão de sabedoria.

Você deverá pôr em prática seu potencial, desenvolvendo a compaixão e a fraternidade, despojando-se de qualquer tipo de preconceito.

Sua prioridade é resolver os problemas dos outros, dispensando qualquer tipo de retribuição.

Você atrai as pessoas e consegue influenciá-las.

Terá êxito se aproveitar as oportunidades que surgirem, trabalhando em organizações de proteção ao meio ambiente ou como professor, líder religioso ou veterinário. Enfim, você possui muitos talentos nas mais diversas áreas.

Caso vivencie os aspectos negativos desse Número, poderá tornar-se possessivo e demasiadamente ansioso.

Deve tomar cuidado para não sucumbir às tentações que a fama traz, sob pena de jamais concretizar seus mais nobres objetivos.

Número de destino 11
- Inspiração -

No seu caminho há um enorme potencial para transformar a vida das outras pessoas e proporcionar condições melhores de vida para quem precisa.

Você trabalha para aperfeiçoar e reformar.

Deve permitir que a intuição e a criatividade orientem o seu trabalho, o seu caminho, que é cheio de obstáculos e carregado de turbulência.

Mas este caminho difícil pode trazer-lhe o reconhecimento do seu trabalho através da fama e do sucesso.

Se você não conseguir realizar o seu trabalho e a sua missão à altura desse Número Mestre, então você viverá como um 2 e suas características.

Você terá êxito se aproveitar as oportunidades que surgirem, trabalhando como psicólogo, poeta, artista ou qualquer profissão que exija um grande potencial criativo.

Caso vivencie os aspectos negativos desse Número, será uma pessoa tensa, com tendência à depressão, extremamente crítica, sonhadora, tendo freqüentemente dificuldade em separar a fantasia da realidade.

Número de Destino 22
- Filantropia -

Seu caminho é criar e construir grandes projetos usando os princípios espirituais mais elevados.

As grandes realizações são o seu desafio, e você as aborda utilizando métodos não-convencionais.

O seu objetivo é trabalhar para o bem de todos, fazendo obras que contribuam para o progresso da humanidade.

Vai encontrar muitos obstáculos no seu caminho; mas você tem a habilidade de ultrapassá-los.

Caso não consiga viver à altura do ideal tão elevado deste Número Mestre, então viverá com um 4.

Você terá êxito se aproveitar as oportunidades que surgirem, trabalhando em engenharia e administração de projetos para a comunidade, tais como hospitais, creches e asilos, transporte público e bibliotecas públicas.

Caso vivencie os aspectos negativos desse Número, será uma pessoa que não aceita erros dos outros e nem a autoridade de terceiros.

Tornar-se-á pessimista e mesquinho; pois, esquecerá seu lado espiritual, voltando-se somente para o material.

Número de destino 33
- Justiça Social -

O seu caminho é dedicar seu amor a serviço dos outros. Sente-se responsável por estabelecer uma situação de paz e harmonia no mundo.

Tem uma intuição aguçada e percebe quais são as necessidades das pessoas.

Você atrai os outros com o seu jeito acolhedor, amigável e compreensivo.

Caso não consiga viver à altura do ideal tão elevado do 33, então viverá como um 6 e suas características.

Você terá êxito se aproveitar as oportunidades que surgirem, trabalhando na área de Direito e em entidades internacionais voltadas para o bem comum, tais como a Cruz Vermelha, entre outras.

Poderá também ser um líder espiritual.

MÓDULO VII
O NÚMERO DA LIÇÃO DE VIDA

A ENERGIA VIBRATÓRIA DA DATA DE NASCIMENTO

O que viemos aprender nesta vida?

Como aproveitar as situações que surgirem para transformá-las em oportunidades?

Quais as nossas qualidades e atitudes que são orientadas pela Lição de Vida.

Nós vamos nos deparar com situações que farão com que aprendamos a grande lição da existência atual: a nossa Lição de Vida.

O Número da Lição de Vida traz as qualidades que devemos desenvolver para termos êxito. Ele é obtido através da soma dos números que compõem a nossa data de nascimento (dia, mês e ano completo), reduzindo-os a um único algarismo; exceto no caso dos Números Mestres (11, 22 e 33).

Exemplo de uma pessoa que nasceu em 20 de novembro de 1980:

$$2 + 0 + 1 + 1 + 1 + 9 + 8 + 0 = 22 \rightarrow 2 + 2 = \mathbf{4}$$

Portanto, essa pessoa tem um Número de Lição de Vida 4.

Número de Lição de Vida 1
- Líder, Independente e Original -

Sua lição de vida é desenvolver a individualidade e a liderança. Ser o seu próprio chefe, não dependendo de ninguém.

Você precisa desenvolver a capacidade executiva, tomando você mesmo a iniciativa e nunca esperando os outros dizerem o que deve ser feito.

Deve aproveitar seu dom especial para descobrir novos campos de atuação.

Pessoa de vanguarda, sua originalidade e intuição são uma fonte fértil e inesgotável de idéias.

Você deve assumir posições de liderança, angariando respeito e notoriedade.

Se utilizar sua ambição positivamente, terá sucesso na vida.

Nunca tenha medo de pôr em prática suas idéias e atuar em áreas inovadoras.

Você deve aproveitar sua coragem e sua determinação, não se deixando ser envolvido pela arrogância, pelo orgulho e pelo egoísmo.

Número de Lição de Vida 2 - Compreensivo, Receptivo e Diplomático -

Sua lição de vida é desenvolver a cooperação com as outras pessoas, estabelecendo a harmonia onde houver conflitos.

Mesmo que não seja o astro principal na atividade em que estiver, poderá realizar-se, unindo-se àqueles que têm maior liderança.

Você deve aproveitar sua grande paciência e perseverança.

Ao imbuir-se de uma atitude de cooperação e diplomacia para com os outros, vai preferir trabalhar em grupos que tenham um objetivo comum, lutando para mantê-los sempre unidos.

Aproveite sua diplomacia e sua paciência para convencer facilmente os outros.

Seja fiel e procure dedicar-se com afinco às pessoas que ama. Deve tomar cuidado para não expressar este Número negativamente, pois, corre o risco de tornar-se inseguro e dependente, perdendo o rumo da sua vida.

Número de Lição de Vida 3
- Otimista, Sociável e Criativo -

Sua lição de via é desenvolver a comunicação e a criatividade, aproveitando sua imaginação e o seu dom artístico.

Gosta de conversar e tem muita disposição para a vida.

Você deve expressar suas próprias idéias e a sua alegria de viver. Deixe fluir a sua intuição, e o dom da palavra conseguirá abrir muitas portas.

Suas idéias criativas serão decisivas para a solução dos mais diferentes problemas.

Ama a liberdade e abomina a monotonia. É extrovertido e adora fazer parte de grupos sociais.

Encontrará forças com facilidade toda vez que se deparar com problemas.

Deve evitar dispersar suas atenções, direcionando a sua intensa energia para objetivos mais concretos.

Não pode ser excessivamente crítico, tomando cuidado para não se deixar envolver pelo ciúme, pela impaciência ou mesmo pela autodepreciação.

Número de Lição de Vida 4
- Disciplinado, Metódico e Confiável -

Sua lição de vida é aprender a agir com organização, assumindo apenas os riscos que ofereçam uma boa margem de segurança.

Você deve ser abnegado, paciente, honesto e racional, aprendendo a conviver com algumas limitações que a vida possa impor, de ordem física, material e emocional, provocadas pelo ambiente ou por outras pessoas.

Deve procurar realizar suas tarefas com responsabilidade e eficiência, dando importância aos detalhes, para conquistar assim, a confiança das outras pessoas.

Agindo com organização e dedicação, construirá um futuro materialmente seguro.

Deve evitar o autoritarismo, a impaciência e a rigidez exagerada, tomando cuidado para não perder o controle quando tudo não for exatamente do jeito que você quer.

Número de Lição de Vida 5
- Versátil, Curioso e Aventureiro -

Sua lição de vida é aprender a usar adequadamente a sua liberdade.

A vida oferecerá muitas oportunidades, mudanças e aventuras.

Somente agindo com responsabilidade, valorizando-se e usando a liberdade de maneira construtiva, é que conseguirá o que deseja.

Aproveite seus inúmeros talentos e procure desenvolver a versatilidade para poder lidar com as inúmeras experiências que surgirão ao longo de seu caminho.

Você deve aproveitar o seu carisma para ter êxito em atividades que envolvam contato com o público.

Viagens e novas experiências podem ser transformadas em boas oportunidades para o amadurecimento pessoal.

Não abuse da sua grande sensualidade e não permita que a rotina o aborreça, tomando cuidado para não sucumbir à irresponsabilidade, à dispersão e a vícios, tais como a bebida e a droga.

Número de Lição de Vida 6
- Responsável, Dedicado e Justo -

Sua lição de vida é desenvolver o senso de responsabilidade para com a família e a comunidade.

Deve aprender também a ter um bom senso de justiça.

Você deve dar ajuda e conforto às pessoas que o procuram, colocando o bem-estar do grupo, da família e da comunidade acima do seu.

É fundamental que desenvolva o senso de justiça, aprendendo a encontrar o equilíbrio em situações em que haja conflito.

A arte e a beleza o fascinam, e ajudarão a deixá-lo em harmonia com as pessoas e com os ambientes que frequenta.

Não pode deixar o espírito fraternal de lado, tomando cuidado para não ser envolvido por um orgulho excessivo e um espírito egocêntrico.

Procure controlar sua possessividade para que não interfira de forma negativa na vida das outras pessoas.

Número de Lição de Vida 7
- Intuitivo, Espiritual e Analítico -

Sua lição de vida é conhecer a si próprio e confiar na sua intuição para então, encontrar o seu caminho. Através de um trabalho de autoconhecimento, você buscará respostas para os mistérios da vida.

Evite aceitar a opinião dos outros como palavra final, pesquisando bastante até chegar a uma conclusão própria.

Você optará conviver com pessoas que tenham objetivos semelhantes e os mesmos questionamentos.

Procure entender a vida, estudando filosofia em geral e as ciências esotéricas, nas quais encontrará informações e conceitos fundamentais para a sua realização.

Esta é uma lição de vida de intensa espiritualidade.

Não seja demasiadamente impaciente. Evite também o isolamento, não se deixando envolver pela melancolia.

Cuidado para que as dúvidas não o tornem uma pessoa insegura.

Número de Lição de Vida 8 - Perseverante, Enérgico e Determinado -

Sua lição de vida é aprender a lidar de maneira positiva e ponderada com o mundo material e também com o poder.

Você deverá agir com determinação e conhecimento do que está fazendo.

Poderá construir um império comercial, e o seu sucesso será motivo de inspiração para muita gente.

Aproveite a sua ambição e a sua capacidade de organização.

Confie em si próprio e desenvolva a sua grande habilidade administrativa e executiva.

É necessário ter excelente equilíbrio e discernimento para julgar e encontrar a verdade.

Seja realista e não alimente fantasias.

Não pode ser excessivamente ambicioso, tomando cuidado para não se deixar envolver pela avareza, pelo materialismo e pelo egoísmo.

Atenção para o abuso de poder.

Número de Lição de Vida 9
- Humanitário, Generoso e Tolerante -

Sua lição de vida é desenvolver a compaixão e a capacidade de doar-se sem esperar nada em troca, pelo simples prazer de ser útil a alguém.

Sensível e idealista, você poderá ficar freqüentemente desapontado com as imperfeições do mundo.

Romântico, quando estiver amando, apaixonar-se-á profundamente.

Você é criativo, e ao usar seus talentos, conseguirá angariar facilmente o reconhecimento público e a amizade dos que o cercam.

Você deve aprender a preservar e utilizar as riquezas que vier acumular em proveito dos mais necessitados.

Procure entender que o verdadeiro caminho da felicidade é servir aos outros e nunca agir de forma mesquinha. Suas recompensas virão naturalmente.

Nesta lição há lutas e desafios, e o seu crescimento virá em função de como você lida com essas provas.

Deve tomar cuidado para não se deixar envolver pelo egoísmo, pela falta de ética e pela indiferença.

Número de Lição de Vida 11
- Idealista, Visionário e Inspirado -

Este é um número de importância espiritual, sujeito a ansiedade e instabilidade emocional.

Para viver à altura do seu ideal, precisará ter talento e coragem.

Sua lição de vida é aprender a tomar consciência do mundo espiritual e a relacionar-se com o mundo material, vivenciando os seus ideais e trabalhando para torná-los realidade.

Você é idealista e perfeccionista.

O seu magnetismo pessoal e a sua capacidade de compreensão ajudarão a atrair as outras pessoas.

Você deve aprender a desenvolver a sua intuição, procurando transmitir todo o seu conhecimento e sabedoria para os outros, e abrindo novos caminhos para que estes possam seguir.

Deverá ser um autêntico exemplo de vida.

Deve tomar cuidado para não ser envolvido pela ambição, a qual poderá trazer a sua ruína, pois, o seu sucesso estará sempre associado ao bem da humanidade.

Caso não vivencie esta lição à altura do ideal deste Número Mestre, deve consultar a Lição de Vida 2, que é o resultado da soma de 1 + 1.

Número de Lição de Vida 22
- Construtor, Prático e Realizador -

Este é um Número Mestre de importância espiritual voltada para a realização material.

Sua lição de vida é desenvolver sua capacidade de transformar sonhos em grandes obras, que beneficiem muitas pessoas em âmbito nacional e até mesmo mundial.

Você possui as mesmas qualidades do 11, mas, em vez de atuar no plano mental, prefere atuar mais no plano físico.

Você é mestre-construtor e terá o poder de ser bem-sucedido em qualquer área que lhe interessar.

Possui alto nível de consciência e uma capacidade ímpar de compreensão.

O seu desafio é descobrir como usar todos esses dons de maneira positiva.

Aos poucos você perceberá a sua competência e o seu poder, aumentando a sua autoconfiança.

Deve tomar cuidado para não se deixar envolver pela avareza, pela corrupção e pela manipulação.

Caso não vivencie esta Lição à altura do ideal deste Número Mestre, deve consultar a Lição de Vida 4, que é o resultado da soma de 2 + 2.

Número de Lição de Vida 33
- Doador Incondicional -

Sua lição de vida é aprender a doar-se em prol de seus semelhantes.

Este é um número de importância espiritual, sujeito a ansiedade e instabilidade emocional.

Para viver à altura do seu ideal, precisará ter amor incondicional e coragem.

Você deve procurar servir aos outros, e sua recompensa será destinada à continuidade da sua obra.

Jamais conseguirá exercer uma profissão que vise o benefício próprio.

Seu exemplo de coragem, determinação e humildade servirá como estímulo à humanidade.

No entanto, é muito difícil vivenciar integralmente este Número Mestre, pois, ele exige uma entrega pessoal plena.

As pessoas que possuem o número 33 como Lição de Vida dificilmente conseguem viver à altura do potencial deste número; devendo então, consultar a Lição de Vida 6, que é o resultado da soma de 3 + 3.

MÓDULO VIII AUSÊNCIAS E EXCESSOS

O NOSSO MAPA DAS POTENCIALIDADES

O nosso nome e a nossa data de nascimento trazem o nosso potencial acumulado em vidas passadas, a imagem como somos vistos, nossa missão neste mundo e nossa lição de vida. Mas, a Numerologia permite outras análises importantes nas quais encontramos os nossos pontos fracos; ou seja, nas quais podemos ter excesso, carência ou até mesmo ausência de alguns números.
Como o importante em nossa vida é o equilíbrio, precisamos descobrir estes nossos pontos fracos para então aprendermos a lidar com eles.

Para verificar nossas ausências e excessos, temos de fazer a Grade de Potenciais, que é exemplificada a seguir.

O cálculo é fácil:

1. Escreva seu nome em grades, como está feito abaixo (no exemplo, o nome de Martin Luther King). A seguir, coloque os números correspondentes conforme a Tabela de Conversão de Letras em Números (ver abaixo).

1	2	3	4	5	6	7	8	9
A	B	C	D	E	F	G	H	I
J	K	L	M	N	O	P	Q	R
S	T	U	V	W	X	Y	Z	

MARTIN LUTHER KING
4 19 29 5 33 285 9 29 5 7

2. Faça então um quadro dividido em nove partes iguais, sendo cada parte correspondente a um número de 1 a 9.

Por último, coloque o número de vezes que cada número aparece no nome. No caso de Martin Luther King, ele tem um número 1, três números 2, nenhum número 6, e assim por diante.

1	1	**2**	222	**3**	33
4	4	**5**	555	**6**	–

7	7	**8**	8	**9**	9999

A ausência é, naturalmente, detectada pela inexistência de determinado número no seu nome.

No caso de Martin Luther King, ele tem ausência do número 6.

Para calcular os números em excesso, basta verificar a tabela abaixo; pois, eles têm pesos diferentes: se você tiver uma quantidade de determinado número acima da tabela abaixo, é porque você o tem em excesso.

NÚMEROS	**1**	**2**	**3**	**4**	**5**	**6**	**7**	**8**	**9**
EXCESSO ACIMA DE	3	2	3	2	3	2	1	1	3

No exemplo, Martin Luther King tem excesso dos números 2 e 9.

Os números em dose equilibrada não podem ser esquecidos: as atitudes que eles representam devem ser executadas de modo harmônico e positivo.

Os excessos sinalizam um potencial muito forte em relação aos outros.

As ausências denotam a existência de potenciais não desenvolvidos. Estes podem ser superados através do esforço pessoal constante em descobrir e aceitar as suas fraquezas.

A seguir, apresentamos as ausências e excessos de cada um dos números de 1 a 9.

Procure dar mais atenção ao que você tem carência, desenvolvendo estas características.

Esteja ciente dos números em excesso e procure a sua manifestação equilibrada.

Ausências e excessos do número 1

Ausências:

- Desenvolva a iniciativa e força de vontade.
Procure resolver seus problemas sozinho. Comece a ser seu próprio líder. Só assim conseguirá criar autoconfiança.

Excessos:

- Dê uma chance aos outros. Não queria fazer tudo sozinho.
Tome cuidado com o orgulho e o desejo de autoridade em demasia.

Ausências e excessos do número 2

Ausências:

- Procure aprender a ouvir, colocando-se no lugar dos outros e desenvolvendo o espírito de cooperação.

Excessos:

- Não deixe que os outros usem e abusem de sua paciência. Cuidado para não ser explorado.

Ausências e excessos do número 3

Ausências:

- Procure desenvolver a sociabilidade, a comunicação e a alegria.
Seja mais otimista e procure participar de atividades em grupo.

Excessos:

- Tome cuidado para não falar demais, pondo em risco o que você construiu.
Saiba estabelecer um objetivo real na sua vida.

Ausências e excessos de número 4

Ausências:

- Procure ser mais organizado e responsável, trabalhando com mais dedicação.

Estabeleça um objetivo e trace um plano de ação para atingi-lo.

Excessos:

- Cuidado com a obsessão pelo trabalho. Lembre-se da família e dos amigos. Divirta-se mais, e nunca se esqueça de que além das necessidades materiais, temos as afetivas e as espirituais.

Ausências e excessos de número 5

Ausências:

- Abra-se para o mundo exterior.

Liberte-se de preconceitos e pré-julgamentos que fazemos dos outros.
Só assim você encontrará novos horizontes.

Excessos:

- Controle a sua ansiedade e procure concentrar mais sua atenção naquilo que você estiver fazendo.

Estabeleça objetivos claros.

Ausências e excessos do número 6

Ausências:

- Desenvolva a responsabilidade e o equilíbrio interior.

Dedique-se mais à fraternidade e à harmonia familiar.

Excessos:

- Evite proteger demasiadamente as pessoas de quem você gosta; pois, elas podem tornar-se extremamente inseguras e dependentes.

Ausências e excessos de número 7

Ausências:

- Desenvolva mais a sua espiritualidade.

Procure buscar a sua própria essência espiritual através da meditação e estudando religião e filosofia.

Excessos:

- Abra-se para o mundo e compartilhe com os outros os seus conhecimentos.

Procure trabalhar em atividades nas quais possa pesquisar e ajudar os seus semelhantes.

Ausências e excessos de número 8

Ausências:

- Procure desenvolver a responsabilidade nos assuntos financeiros.

Seja mais cuidadoso com o seu dinheiro e esteja atento ao fazer qualquer tipo de negócio.

Excessos:

- Tome cuidado para não ficar obcecado pelo dinheiro e nem seduzido por uma vida extremamente materialista.

Controle o seu desejo de manipular as pessoas.

Ausências e excessos de número 9

Ausências:

- Desenvolva a compaixão e a solidariedade. Esteja atento às necessidades dos outros.

Respeite a liberdade e o espaço de cada um.

Excessos:

- Tome cuidado com o seu desejo de resolver os problemas de todo o mundo, É preciso, antes de mais nada, alcançar o equilíbrio emocional.

MÓDULO IX
O ANO PESSOAL
A NOSSA VIDA DIVIDA EM CICLOS

A cada ciclo de nove anos a sua vida muda.

Você passa a pensar de forma diferente, suas necessidades materiais se alteram, assim como os seus valores morais e espirituais.

Os números do Ano Pessoal revelam a sua exata posição neste ciclo constante de 1 a 9.

Conhecendo-os, você poderá saber qual é o melhor ano para a tomada de decisões, como tirar proveito das oportunidades que surgirem e também, como evitar ou amenizar as dificuldades que aparecerem no meio do caminho.

Para calcular o Ano Pessoal, faça as seguintes operações:

1. Vamos supor que seu último aniversário tenha sido em 25 de novembro de 1999. Como sempre, vá somando até reduzir o reduzir a um único dígito. Neste caso, não existem Números Mestres.

2 + 5 + 1 + 1 + 1 + 9 + 9 + 9 = 37 →3 + 7=10→1 + 0= **1** ***(Ano Pessoal 1)***

2. Este seu Ano pessoal começa na data do seu último aniversário e vai até a data do próximo.

A cada aniversário, portanto, o seu Ano Pessoal muda.

A seguir, apresentamos o que significa cada Ano Pessoal, e como você deve lidar com cada um destes anos.

O Ano pessoal 1: Ação

Este é um ano de muita ação; adequado para você plantar as sementes que determinarão o seu futuro.

Como se trata de um novo tempo, é fundamental mudar suas atitudes.

Seja ambicioso. Tenha coragem; confie na sua capacidade e tome a iniciativa.

Não permita que ninguém atrapalhe o seu caminho e nunca se deixe influenciar.

Visualize o que você quer. Estabeleça um objetivo claro e faça um plano de ação.
Tudo o que desejar positivamente, poderá conseguir.

O Ano pessoal 2: Cooperação

Este é um ano de espera. Seja paciente.
Não haverá mudanças significativas no plano material.

Não se preocupe, caso às vezes tenha de recuar. Pode parecer que você deu dois passos para frente e um para trás; mas a caminhada é assim mesmo.

Faça parcerias. Tenha tato diplomacia para trabalhar em cooperação com os outros.
Analise sempre as variáveis envolvidas.
Evite grandes planos ou mudanças.

O Ano pessoal 3: Alegria de viver

Este é um ano para comunicar-se, criar e estar entre as pessoas.

Você poderá começar a colher os frutos que plantou dois anos atrás.

É um período de expansão e muita atividade.

Esteja mais com a família e os amigos.
Faça contatos sociais e comercais. Mas dose bem a sua energia, evitando extravagâncias.

Seja otimista e utiliza os seus talentos criativos.

Desenvolva a sua capacidade mental, estudando e viajando.

O Ano pessoal 4: Trabalho

É um período de trabalho duro, e você poderá ter a sensação de limitação, frustração e aborrecimento. Mas não perca a paciência, pois o sucesso vem mais lentamente do que o esperado, e no futuro seus esforços serão recompensados.

Aproveite o ano para construir sólidas fundações para o futuro, fortalecendo suas relações profissionais.

Evite trocar de emprego ou mudar seu local de residência. Seja prático e lógico.

E, cuidado, pois você pode enfrentar problemas de ruptura em relações sentimentais.
Esteja atento a sua saúde física e mental.

O Ano pessoal 5: Mudança

É um ano de mudanças. Esteja de malas prontas para enfrentar o imprevisto.

É um período ideal para o crescimento pessoal e expansão dos seus horizontes.

É tempo propício para mudanças de ares: um novo trabalho ou nova casa. Abandone as antigas rotinas.

Esteja aberto a oportunidades: viagens, paixões, novas amizades e novos desafios.

Seja flexível, pois, tudo pode mudar a qualquer momento.

O Ano pessoal 6: Harmonia

Este é um ano centrado no amor, na sua família e na sua comunidade.

É um período de assumir responsabilidades e fazer ajustes.

Cuide da sua saúde, da sua beleza e do que está à sua volta.

As pessoas vão procurá-lo em busca de conselhos e ajuda. Ofereça um ombro amigo.

É um bom período para construir um lar, encontrando um parceiro afetivo.
Invista na sua casa: compre, reforme e decore.

Há boas chances de você atingir o sucesso profissional.

O Ano pessoal 7: Análise

Neste ano você precisa dar um tempo, procurando desenvolver mais a sua consciência espiritual.

Faça uma avaliação dos passos tomados até agora, dos seus resultados e das ações a serem empreendidas para o futuro.

Não force nenhuma situação que possa provocar mudanças radicais.

As oportunidades deverão vir ao seu encontro.

Procure ter um convívio maior com a natureza.

Confie na sua intuição.

O Ano pessoal 8: Progresso

Os resultados deste ano vão depender dos seus atos passados e de como você investiu sua energia, a partir do momento em que plantou a sua semente.

A princípio, é um bom ano para o progresso material.

Organize-se. Procure equilibrar-se física e mentalmente.

Aproveite cada segundo do seu tempo.

Mantenha seu entusiasmo e energia, pois agora, você pode realizar mais do que em qualquer um dos últimos sete anos.

No entanto, tome cuidado; pois, se você perder a calma, colocará em risco tudo o que construiu até agora.

O Ano pessoal 9: Fechamento e Doação

Este é o ano de fechamento de ciclo. É quando você faz um balanço do passado, desprezando o que não serve mais, e começa a pensar no futuro.

Coloque o passado no seu devido lugar.

É um período em que você pode estar mais fragilizado.

Não vacile. Se for preciso, corte os laços que o amarram, para então poder renascer.

Finalize os projetos em andamento e não inicie nada muito importante; pois, há risco de não ser duradouro.

Pense mais nos outros do que em você. Saiba dividir, com quem precisa, todas as coisas.

Este é um período de doação, tolerância, abnegação e perdão.

MÓDULO X
O MÊS PESSOAL
AS VIBRAÇÕES DE CADA MÊS

O Mês Pessoal indica as vibrações mais intensas que poderão em um determinado mês.

É calculado somando-se o dígito do mês em questão ao Ano Pessoal.

Embora você tenha uma vibração que acompanha o seu ano, cada mês também possui a sua vibração, que determina uma outra energia.

Para calcular o seu Mês Pessoal, siga os passos a seguir, supondo que a data de seu último aniversário tivesse sido em 25 de novembro de 1999.

1. Calculando novamente o Ano Pessoal. (Vide módulo anterior):

2 + 5 + 1 + 1 + 1 + 9 + 9 + 9 = 37 →3 + 7=10→1 + 0= **1** ***(Ano Pessoal 1)***

2. Acrescente ao número do Ano Pessoal (no caso, o 1) o mês em questão (por exemplo, se você quer saber qual será a vibração do mês de maio, considere o número 5):

JAN	FEV	MAR	ABR	MAI	JUN	JUL	AGO	SET	OUT	NOV	DEZ
1	**2**	**3**	**4**	**5**	**6**	**7**	**8**	**9**	**10**	**11**	**12**

Como sempre, vá somando até reduzir o número a um único dígito. Neste caso, não existem Números Mestres. Portanto:

$$1 + 5 = \mathbf{6}$$

Neste exemplo, o Mês Pessoal é o 6, num ciclo de nove meses.

É importante ressaltar que quando Ano e Mês Pessoais têm o mesmo número, eles apresentam a mesma vibração energética (esta estará potencializada), e portanto, será o momento mais propício para fazer os investimentos relativos a este número.

A seguir, apresentamos o que significa cada Mês Pessoal, e como você deve lidar com cada um desses meses.

O Mês pessoal 1

É tempo para tomar iniciativas, começar novos projetos, dar vida nova a tudo que é velho.

Há possibilidade de surgir uma proposta de trabalho. É um mês de intensas atividades. Não hesite; acredite em você e vá em frente.

O Mês pessoal 2

Este é um mês para você desenvolver parcerias: o trabalho em grupo e a cooperação serão decisivos para o êxito daquilo que está fazendo.

É tempo de encontrar alguém interessante e desfrutar mais da companhia da família e dos amigos.
Relaxe e seja paciente.

O Mês pessoal 3

A criatividade e a comunicação devem ser desenvolvidas neste mês, pois, poderão auxiliá-lo a encontrar gente nova, abrindo boas perspectivas no plano afetivo e profissional.

Seja maleável e diplomático. Tenha sempre senso de humor: você não se arrependerá.

O Mês pessoal 4

É tempo de trabalhar muito, e muito. Deixe a preguiça e a falta de vontade de lado. Arregace as mangas e mãos à obra!

Mantenha os pés no chão, seja organizado, prático e coerente.
Aproveite este mês para construir bases sólidas para projetos futuros.

O Mês pessoal 5

Este é um bom para você respirar novos ares, fazer mudanças e viajar.

Esteja atento a novas oportunidades que poderão surgir e aproveite.

Não se deixe abater pelos problemas. Fique tranqüilo e acredite que você pode conseguir o que quer.

O Mês pessoal 6

É tempo para a beleza e a estética.

É tempo de harmonia. Procure desenvolvê-las em todos os momentos: em casa e no ambiente de trabalho, assim como nas suas relações afetivas.

Um novo corte de cabelo, um visual diferente em casa, um novo jardim; você vai se sentir muito melhor.

O Mês pessoal 7

É tempo para parar e pensar: avalie o que você está fazendo e procure uma forma de melhorar ainda mais.

É um mês de introspecção e crescimento interior.

Mesmo que tenha dificuldade, insista; vai valer a pena.

Não perca o equilíbrio e, sempre que possível, descanse.

O Mês pessoal 8

Este é um mês que pode trazer excelentes oportunidades de ganho financeiro.

Mas, cuidado, não assuma grandes dívidas. Evite desperdiçar ou gastar tudo o que você tem.

É tempo para você ganhar e poupar.

O Mês pessoal 9

É tempo para você desenvolver a fraternidade e a compaixão. Aproveite para ajudar sem, no entanto, interferir demais na vida dos outros.

Estenda a mão até para aqueles que jamais poderão retribuir, ou mesmo agradecer. Este é o verdadeiro amor incondicional.

É tempo de finalizar projetos e o momento mais apropriado para definir seus relacionamentos.
Você está a caminho de um ciclo novo.

MÓDULO XI
O DIA PESSOAL
AS VIBRAÇÕES DE CADA DIA

O Dia Pessoal indica as vibrações mais intensas quem poderão ocorrer em um determinado dia.

É calculado somando-se o dígito do dia em questão ao dígito do Mês Pessoal.

Embora você tenha uma vibração que acompanha o seu ano e mês, cada dia também possui a sua vibração que determina uma outra energia.

Para calcular o seu Dia Pessoal é preciso saber seu Mês Pessoal.

No exemplo anterior o último aniversário foi no dia 25 de novembro de 1999.

1. Vamos recapitular, supondo que você esteja calculando o mês de maio. (Lembre-se, é o 5).

2 + 5 + 1 + 1 + 1 + 9 + 9 + 9 = 37 →3 + 7=10→1 + 0= **1** ***(Ano Pessoal 1)***

$$1 + 5 = \mathbf{6}$$

(Mês pessoal 6)

2. Acrescente ao número do seu Mês Pessoal (no caso, o 6) o dia que você quer saber.

Vamos supor que você queira saber a vibração do dia 25. Como sempre, vá somando até reduzir o número a um único dígito. Neste caso, não existem Números Mestres. Portanto:

$$6 + 2 + 5 = 13 \rightarrow 1 + 3 = \mathbf{4}$$

No caso acima, o Dia Pessoal é o 4.

Assim como temos ciclos de 9 anos e 9 meses, também temos ciclo de 9 dias.

No exemplo acima, portanto, estamos no quarto dia.

É importante ressaltar que quando Ano, Mês e Dia Pessoais tem o mesmo número, eles apresentam a mesma vibração energética (esta será potencializada), e portanto, será o momento mais propício para fazer os investimentos relativos a este número.

A seguir, apresentamos o que significa cada Dia Pessoal e como você deve lidar com cada um desses dias.

O Dia pessoal 1

É dia propício para o início de projetos, idéias e relacionamentos.

Não perca tempo; acredite em você mesmo e desenvolva as suas habilidades.

Este é um dia de muita atividade. Pense e aja positivamente, colocando toda a atenção nos seus objetivos.

É tempo de ação.

O Dia pessoal 2

Este é um dia de grande energia para o relacionamento com outras pessoas: cooperação, assinatura de contratos, associações e parcerias.

Seja generoso e receptivo às idéias dos outros.

Use o dia para planejar.

O Dia pessoal 3

Este é um dia de alegria em que há muito o que fazer: você deve contagiar a todos com otimismo.

Seja produtivo: se trabalhar corretamente, terá um bom dia.

Aproveite os seus talentos.

É um bom dia para conhecer pessoas e visitar amigos. Bom também para incrementar seus negócios, a fim de expandi-los.

O Dia pessoal 4

É dia de trabalhar. Pare e programe o que vai fazer. Planeje e aproveite melhor o seu tempo.

Analise os detalhes e não corra riscos desnecessariamente.

Tudo parece andar devagar, e uma sensação de limitação atingirá você. Mas não se preocupe; é assim mesmo.

O Dia pessoal 5

Este é um dia que promete novas oportunidades: viagens, mudanças em geral, novos contatos, novo emprego e novas amizades.

Invista nas oportunidades mais promissoras.

Seja flexível e abandone os preconceitos.

Um novo romance pode acontecer.

O Dia pessoal 6

É dia para resolver assuntos junto à família.

Alguém poderá procurá-lo para obter algum conselho. Usando o seu equilíbrio, você conseguirá ajudar.

Poderá conhecer alguém importante para um futuro relacionamento.

Cuide da saúde e da casa, e evite viajar.

O Dia pessoal 7

Fique sozinho por alguns momentos e reflita.

É tempo para relaxar e pensar nas suas emoções e no seu lado espiritual.

Dê um tempo para os assuntos materiais.

Não é um bom dia para relacionamentos e tomadas de decisões importantes.

Cuide da saúde, descansando.

O Dia pessoal 8

Este é um dia propício para fazer negócios.

Não desperdice o seu dinheiro. Seja organizado, eficiente e perspicaz.

Seja responsável e honesto nas suas atitudes.

Viaje somente a negócios. Você poderá conhecer alguém que talvez venha a ser muito importante na sua vida.

O Dia pessoal 9

É um excelente dia para terminar tudo o que estiver inacabado, para resolver assuntos pendentes e os mal-entendidos. Não inicie nada importante.

Ajude os outros e desenvolva a compaixão.

Caso se sinta deprimido e amargurado, lembre-se de que amanhã você iniciará um novo ciclo.

SOBRE O COORDENADOR

Rômulo Borges Rodrigues é Escritor, Terapeuta Holístico, Mestre de Reiki, Consultor e Numerólogo.
Trabalha com Reflexologia, Reiki, Massagem, Florais, Aconselhamento Terapêutico, Técnicas de Relaxamento, Hipnose, Regressão, Terapia de Vidas Passadas, Numerologia e ministra cursos online.
Estuda e pesquisa sobre a espiritualidade há vinte anos.
Foi membro da Associação Internacional Amigos da Natureza (AIANATU - SP), na qual fez parte do trabalho de cura espiritual. Foi nessa associação onde alguns de seus dons espirituais foram desarquivados.
Também foi membro da Ordem dos Filhos da Luz (Piracicaba - SP).
Foi integrante da Ordem dos Templários, onde foi dirigente do hospital de cura espiritual de uma das suas sedes.
Atualmente, é coordenador do Projeto Nova Era na cidade de São Paulo, no qual dá palestras e ministra tratamento alternativo utilizando várias técnicas terapêuticas.
Escreve artigos quinzenais para sites e revistas sobre vários temas e é autor das seguintes obras:

- *"Uma Civilização Adormecida e Decadente"*
- *"Momento Apocalíptico – Prelúdio do Juízo Final"*
- *"Arcanjos e Arquétipos"*
- *Guia Prático dos Anjos – Tabela completa de todos os anjos*
- *"REIKI – ENERGIA VITAL UNIVERSAL (Harmonia, Equilíbrio e Cura)"*
- *"OS FLORAIS DE BACH – Equilíbrio e Harmonia Através das Essências"*
- *"O PODER DA MENTE – A Chave Para o Desenvolvimento das Potencialidades do Ser Humano"*
- *"Os Ensinamentos de Siddartha Gautama, o Buda"*
- *A HISTÓRIA DO BUDISMO – Princípios, conceitos, ensinamentos*
- *ENSAIO SOBRE O BUDISMO TIBETANO*
- *"Cuide de Você e Tenha Mais Qualidade de Vida" – Cuidar de si mesmo é imprescindível para se obter uma vida plena e satisfatória (Vols. I, II, III, IV e V)*
- *"A Regência Cósmica"*

• *"Alimentação Saudável = Saúde Perfeita" – O consumo de alimentos adequados proporciona equilíbrio orgânico e psíquico (Vols. I, II, III, IV, V, VI e VII)*
• *"REFLEXOLOGIA (Massagem Podal) – Equilíbrio e bem-estar através da planta dos pés"*

NUMEROLOGIA – A Ciência Milenar dos Números
• *"A PODEROSA INFLUÊNCIA DOS NÚMEROS SOBRE AS NOSSAS VIDAS – O que a Numerologia revela sobre nosso passado, presente e futuro"*

• *"DESCUBRA SEU POTENCIAL, DONS E TALENTOS INATOS ATRAVÉS DA NUMEROLOGIA"*
• *"HIPNOSE, REGRESSÃO, TERAPIA DE VIDAS PASSADAS – Metodologia, efeitos e benefícios"*
• *QUALIDADE DE VIDA – Definição e conceitos*
• *OS MECANISMOS DA MENTE – A sua natureza comportamental*
• *TRATADO SOBRE AS RELIGIÕES E FILOSOFIAS DE VIDA – Síntese dos sistemas religiosos e correntes filosóficas*
• *ESTUDO SOBRE AS TERAPIAS COMPLEMENTARES – Técnicas terapêuticas integrativas que proporcionam equilíbrio e harmonia*
• *A ANATOMIA SUTIL (ETÉRICA) DO CORPO HUMANO*
• *OS CHAKRAS*
• *GUIA COMPLETO DAS TERAPIAS ALTERNATIVAS*
PRÉ-EXISTÊNCIA E PÓS-EXISTÊNCIA DA ALMA – Vidas passadas, vidas futuras
• *PRINCÍPIOS, FILOSOFIA E METODOLOGIA DA MEDICINA HOLÍSTICA - Os recursos e métodos terapêuticos utilizados nos tratamentos e terapias*
• *CURSO DE REIKI*
• *CURSO DE FLORAIS*
• *CURSO DE REFLEXOLOGIA (Massagem Podal)*
• *CURSO DE HIPNOSE, REGRESSAO, TVP, TMS – Metodologia simplificada*
• *CURSO DE FENG SHUI – Técnica chinesa milenar de harmonização e equilíbrio de ambientes*
• *CURSO DE RADIESTESIA*

• *CURSO DE CROMOTERAPIA*
• *CURSO DE ÓLEOS ESSENCIAIS*
• *CURSO DE AROMATERAPIA*
• *CURSO DE FITOTERAPIA*

CURSO DE NUMEROLOGIA

- •*CURSO BÁSICO DE MASSOTERAPIA*
- •*CURSO DE TERAPIAS INTEGRATIVAS*
- *CURSO DE CRISTAIS*

DESTAQUE

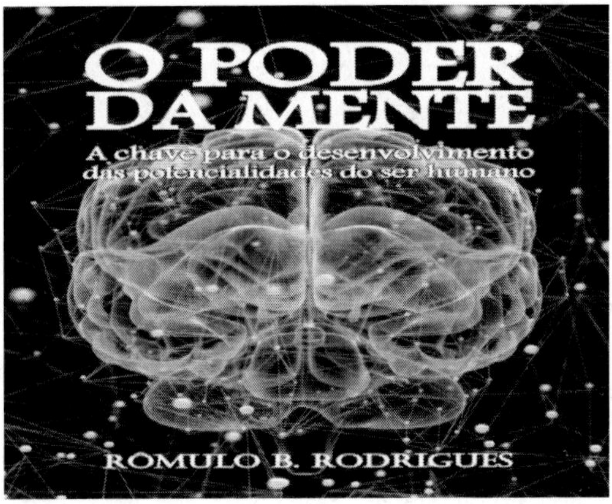

Gênero: Reprogramação mental
Amazon - 146 págs – 14x21
SINOPSE:

Que não usamos plenamente a força que temos em nossa mente, não é novidade pra ninguém. Nosso cérebro e sua capacidade total ainda é um mistério a ser desvendado. Com o passar dos anos e à custa de muitas pesquisas e estudos, aconteceram avanços significativos nesta área. Não são poucas as pessoas que, atualmente, conseguem resultados sensacionais através do amplo domínio que aprenderam a ter sobre aquilo que pensam. Realizar primeiro na cabeça facilita a concretização de planos, sonhos e metas. Há inúmeros casos e exemplos de pessoas que, pelo condicionamento, auto-sugestão, reprogramação, programação neurolinguística, hipnose e outros métodos, conseguiram mudar radicalmente de vida, tanto no âmbito material como no espiritual. A revolução acontece e está ao alcance de todos; ou melhor, de todos que se despem dos preconceitos e se permitem trilhar outros caminhos. Querer é poder, sim; mas antes, é preciso se preparar para a batalha da vida. A vitória há de chegar; mas, para isso, precisamos usar a capacidade mental que temos em nosso favor. O objetivo deste livro é justamente tirar o manto do preconceito que paira sobre temas que podem ser bastante benéficos às pessoas.

ÚLTIMO LANÇAMENTO

OUTRAS OBRAS DO AUTOR

AMAZON
137 págs – 14x21

AMAZON
122 págs – 14x21

AMAZON
141págs – 14x21

AMAZON
84 págs – 14x21

AMAZON
78 págs – 14X21

AMAZON
240 págs – 14x21

AMAZON
395págs – 14x21

AMAZON
192 págs – 14x21

AMAZON
80 págs – 14x21

AMAZON
82 págs – 14x21

AMAZON
150 págs – 14x21

AMAZON
86 págs – 14x21

AMAZON
80 págs – 14x21

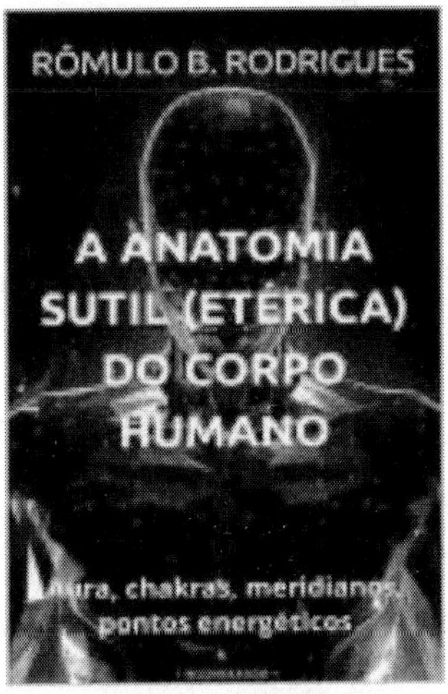

AMAZON
103 págs – 14x21

AMAZON
97 págs – 14x21

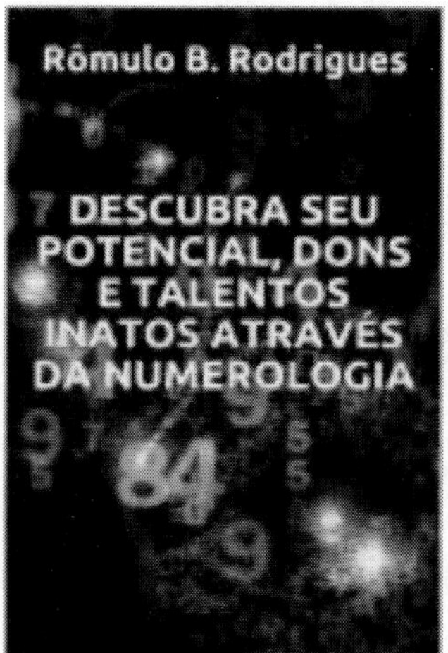

AMAZON
148 págs 14x21

AMAZON
58 págs – 14x21

AMAZON
91 págs – 14x21

AMAZON
254 págs – 14x21

AMAZON
76 págs – 14x21

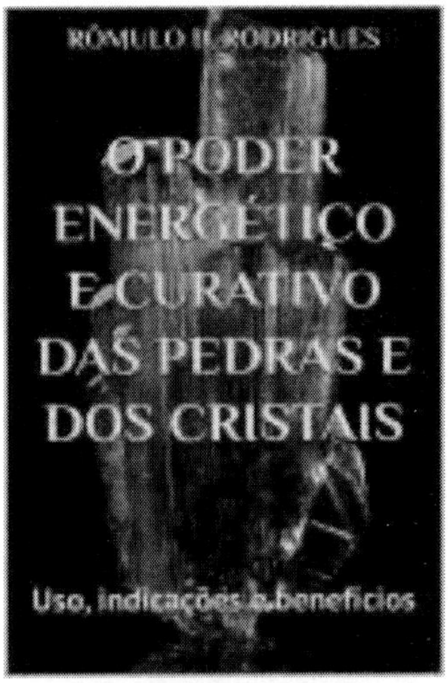

AMAZON
94 págs – 14x21

AMAZON
135 págs – 14x21

AMAZON

87 págs – 14x21

AMAZON

51 págs – 14x21

AMAZON
138 págs - 14x21

AMAZON
300 págs – 14x21

AMAZON
114 págs – 14x21

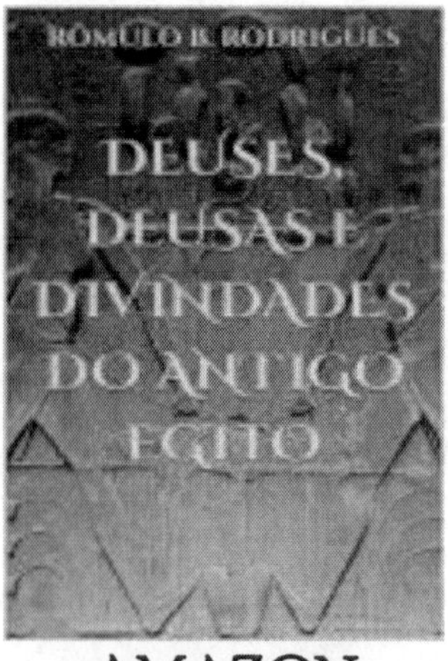

AMAZON
121 págs – 14x21

AMAZON
195 págs – 14x21

AMAZON
247 págs – 14x21

AMAZON
142 págs – 14x21

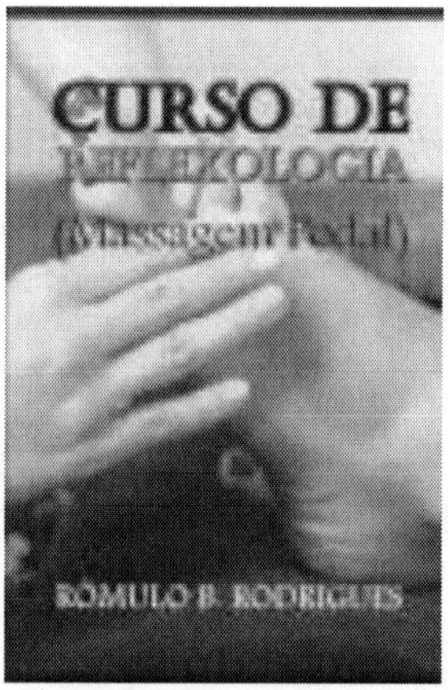

AMAZON
180 págs – 14x21

AMAZON
173 págs – 14x21

AMAZON
40 págs – 14x21

Made in United States
Cleveland, OH
20 October 2026

46287530R00072